Heimatkunde- und Sachunterricht

Arbeitsheft Klasse 2

Margit Engler, Siegrid Schmehl

VOLK UND WISSEN VERLAG GMBH

Inhalt

Autoren:
Margit Engler, Siegrid Schmehl

Bildnachweis:
E. Marek, Villingen-Schwenningen: S. 24; H. Massny, Leipzig: S. 24; G. Rösler, Berlin: S. 14 oben;
S.Meyers, Konstanz: S. 24; H. Theuerkauf, Gotha: S. 14, 15, 16, 18, 20, 21,
Verwendete Gedichte und Rätsel sowie die Abbildung „Hamsterbau“ erschienen bei VWV.

ISBN 3-06-100267-7

1. Auflage
4 / 94
Alle Drucke dieser Auflage sind unverändert und im Unterricht parallel nutzbar. Die letzte Zahl bedeutet das Jahr dieses Druckes.

Printed in Germany
Redaktion: Margit Engler
Illustrationen: Käthe Keppke, Uschi Kosa,
Wolfgang Zieger, Inge Gürtzig
Einband: Uschi Kosa
Schrift: Wolfgang Zieger
Gesamtherstellung: H. Heenemann GmbH & Co, Berlin

Rätselauflösungen

S. 3 – zur Mahlzeit
S. 10 – Herbstanfang im Kalender aufsuchen
– im Februar
S. 17 – der Baum/die Baumkrone
S. 21 – der Nadelbaum/die Tanne
S. 22 – das Laubblatt
S. 34 – die Ampel
S. 36 – LEICHTSINN

Mein Tagesablauf

1. Sieh dir die Bilder an. Bestimme die Tageszeiten und trage sie ein.

2. Erzähle, wie du dir den Nachmittag einteilst. Male Bilder dazu.

Zu welcher Zeit tut sogar der Faulste etwas?

Ich lebe gesund

1. Zur Pflege deines Körpers brauchst du viele Gegenstände.
Male einige auf, die du täglich benutzt.

2. Auf dem Bild siehst du verschiedene Lebensmittel, die Kinder zum Frühstück essen. Sage, welche für deinen Körper ungesund sind.

3. Stelle dir ein gesundes Frühstück für mehrere Tage zusammen.

1. Tag

2. Tag

3. Tag

4. Jeden Morgen überlegt Julia, was sie anziehen soll. Wie würdest du dich entscheiden,

wenn es sehr warm ist,	wenn es regnet,	wenn es sehr kalt ist?

Male die Kleidungsstücke in die Felder.

5. Auf den Bildern siehst du, wie sich Kinder in ihrer Freizeit betätigen.
Welche Beschäftigungen sind für unseren Körper gesund, welche sind es weniger?
Kreuze die an, die weniger gesund sind.

6. Der Krankenbesuch
Micha und Claudia besuchen ihre kranke Mitschülerin Petra.
Sie liegt mit Husten, Schnupfen und Fieber im Bett.
Zur Begrüßung geben sie ihr die Hand und schauen in ihren Hals, weil sie wissen möchten, ob er entzündet ist. Dann sitzen sie im sehr warmen Zimmer und erzählen Erlebnisse aus der Schule. Petra freut sich sehr über den Besuch. Sie reicht den beiden ein Stück Schokolade, von dem sie gerade vorher selbst abgebissen hat. Eigentlich wollen sie nun gehen, aber Petra bettelt: „Bleibt doch noch ein Weilchen!“ Beim Kartenspiel wird es dann noch recht lustig, und bevor sie gehen, kostet Micha aus Neugierde von der Medizin.
In der folgenden Woche will die Klasse an einem Nachmittag schwimmen gehen. Petra ist auch wieder da. Nur Micha und Claudia fehlen.

Wo mögen sie sein? Was vermutest du?

7. Wer sitzt richtig beim Schreiben? Begründe deine Meinung.

Kennst du deinen Körper?

1. Vor dem Schwimmunterricht duschen Jungen und Mädchen den ganzen Körper.
   Sage, welche Körperteile du auch sonst besonders reinigst und warum das nötig ist.

2. So heißen deine Körperteile.
   Lies vor.
   Kopf, Hals, Brust, Rücken,
   Arme, Hände, Bauch, Gesäß,
   Geschlechtsteil, Beine, Füße

3. Male in das freie Feld auf Seite 7 deinen Körper.
   Schreibe die Namen an die Körperteile.

4. Ergänze, wie man das Geschlechtsteil bei Jungen oder bei Mädchen nennt.

   Junge: ______________________ Mädchen: ______________________

5. Häufig benennen Kinder die Körperteile des Menschen mit unschönen Wörtern.
   Sprecht darüber und überlegt, wie man das ändern kann.

Das bin ich

Jahreszeiten – Monate

1. Singe das Lied mit deinen Klassenkameraden.
Welche Jahreszeiten werden hier genannt?

„Es war eine Mutter, die hatte vier Kinder, den …"

2. Welche Jahreszeiten erkennst du auf den Bildern?
Schreibe die Namen unter die Bilder.

Welche Monate gehören zu den einzelnen Jahreszeiten?
Schreibe sie im Bild an die richtige Stelle.

3. Hast du die Monatsnamen und die Jahreszeiten richtig geschrieben?
Vergleiche mit den Wörtern.

1. Januar 2. Februar 3. März 4. April
5. Mai 6. Juni 7. Juli 8. August
9. September 10. Oktober 11. November 12. Dezember

Frühling – Sommer – Herbst – Winter

Ein Baum in den vier Jahreszeiten

Male in die freien Felder, wie ein Baum in den vier Jahreszeiten aussieht.

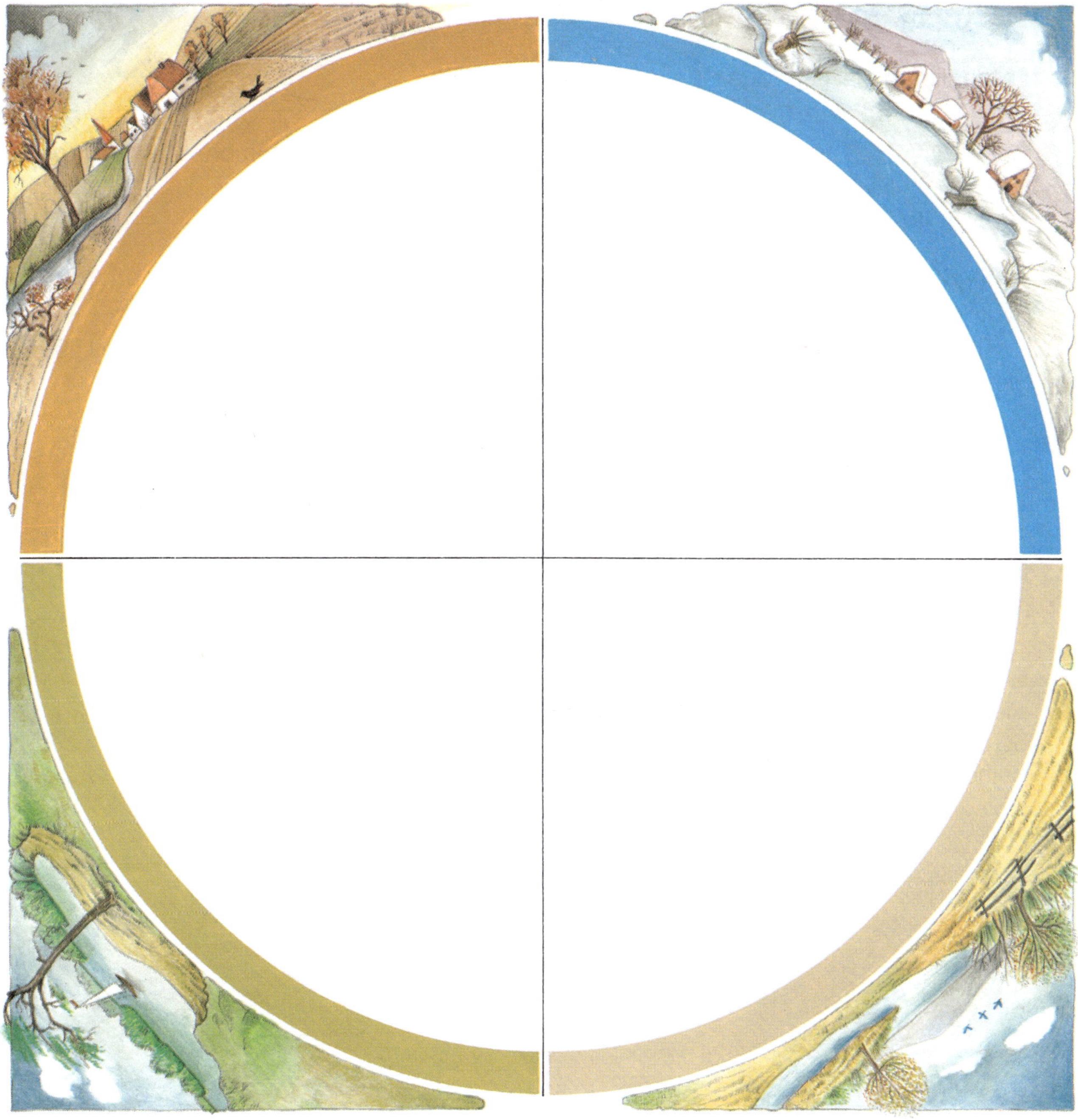

Monate – Wochentage

1. Sieh dir einen Kalender an.
Sage, welche Monate 30 Tage
und welche 31 Tage haben.
Was hast du sonst noch bemerkt?

*Ich bin gespannt,
weißt du's mein Kind,
an welchem Tag der Herbst beginnt?*

____

Trage die Anzahl der Tage ein.

Januar ___ Tage	Mai ___ Tage	September ___ Tage
Februar ___ Tage	Juni ___ Tage	Oktober ___ Tage
März ___ Tage	Juli ___ Tage	November ___ Tage
April ___ Tage	August ___ Tage	Dezember ___ Tage

*In welchem Monat
essen wir am wenigsten?* ______________________

2. Die Anzahl der Wochen kannst du auch aus dem Kalender ermitteln.

Wie viele sind es? ___________

✂ **3.** Hier sind die Wochentage durcheinandergepurzelt. Kannst du sie wieder ordnen?
Schneide dazu auf Seite 47 die Wochentage aus. Klebe sie dann in der richtigen Reihenfolge in die Tabelle. Beginne mit Montag.

1.	
2.	
3.	
4.	
5.	
6.	
7.	

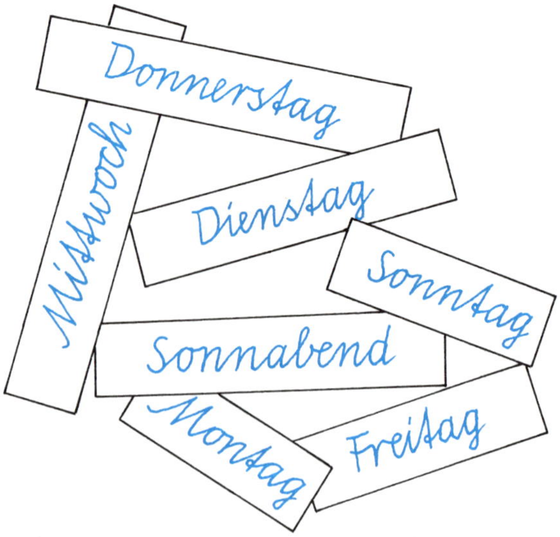

4. Was ich mir merke!
Ergänze die Sätze.

Ich kenne ____ Jahreszeiten.
Sie heißen: ____
Das Jahr hat __ Monate. Es ist in __ Wochen eingeteilt.
Die Woche hat __ Tage.

5. Gestaltet in eurer Freizeit gemeinsam einen Jahreskalender.

✂ 6. Schreibe oder male eine Woche lang auf, wie dein Tagesablauf aussieht.
Du kannst auch auf Seite 47 Zeichen für verschiedeneTätigkeiten ausschneiden und einkleben.

Zeit	Mo	Di	Mi	Do	Fr	Sa	So
$12^{00} – 13^{00}$							
$13^{00} – 14^{00}$							
$14^{00} – 15^{00}$							
$15^{00} – 16^{00}$							
$16^{00} – 17^{00}$							
$17^{00} – 18^{00}$							
$18^{00} – 19^{00}$							

Wir messen die Temperatur

1. Manchmal muß man verschiedene Temperaturen messen. Was benutzt man dazu? Schreibe es auf.

Das ____________________

2. Sage, wozu die Thermometer auf dem Bild gebraucht werden.
Bringe selbst ein Thermometer mit.

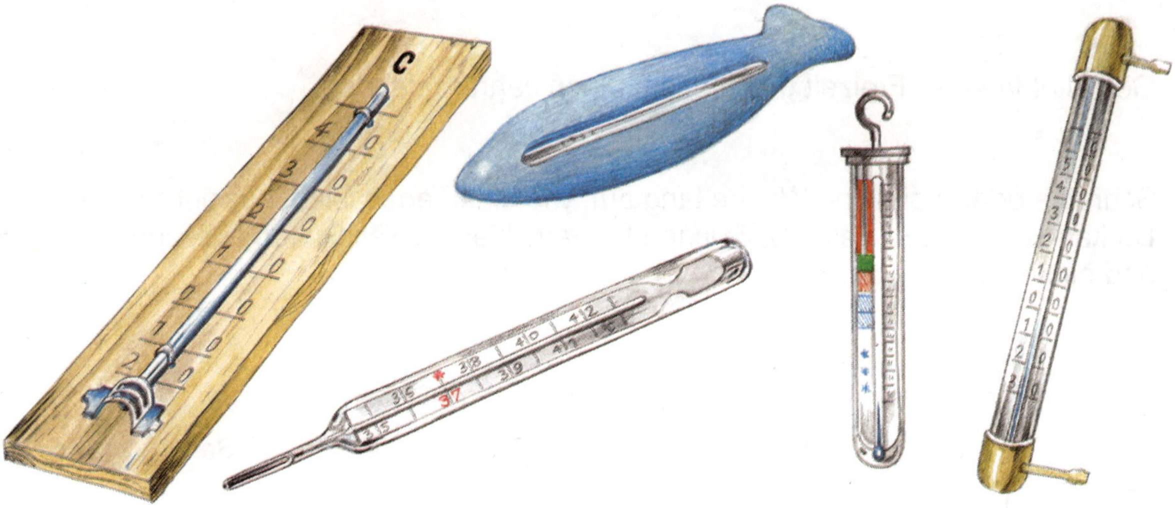

3. An der Stricheinteilung des Thermometers kannst du die Temperatur ablesen.
Man nennt sie <u>Skale</u>.
Schreibe nun die anderen Teile des Thermometers auf.

Verwende die Wörter:

Glasröhrchen
mit Flüssigkeit
Gefrierpunkt
Brettchen

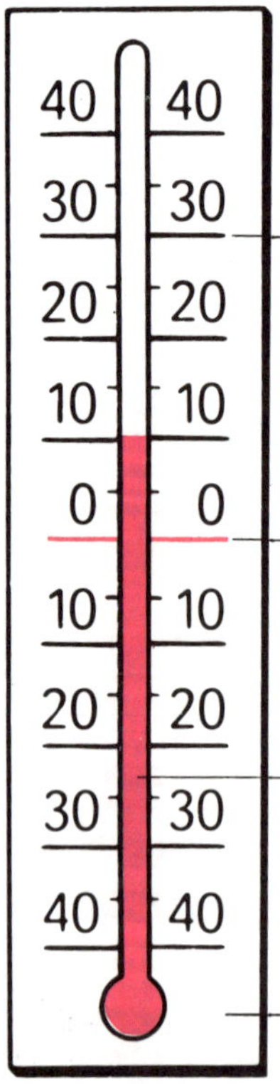

Skale ____________________

____

____

____

4. Die Temperaturskale wurde nach dem schwedischen Astronomen Celsius benannt. Sie ist allgemein gebräuchlich. Deshalb finden wir auf Thermometern die Bezeichnung °C = Grad Celsius

<u>Wir sagen bei Wärme:</u> 20 Grad Celsius. – <u>Wir schreiben:</u> 20 °C.
<u>Wir sagen bei Kälte:</u> minus 20 Grad Celsius. – <u>Wir schreiben:</u> –20 °C.

Welche Temperatur zeigt jedes Thermometer an?
Schreibe sie darunter.

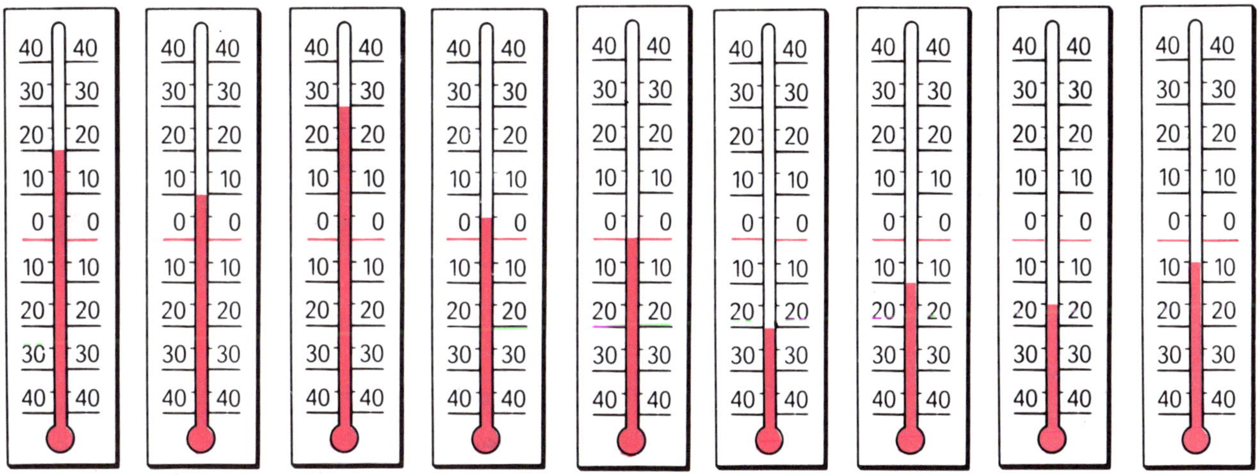

20°C ______ ______ ______ ______ –20°C ______ ______ ______

5. Warmes und kaltes Wetter wechseln häufig.
Lies die angegebenen Temperaturen.
Zeichne ein, wie hoch die Flüssigkeit im Röhrchen steigen muß.

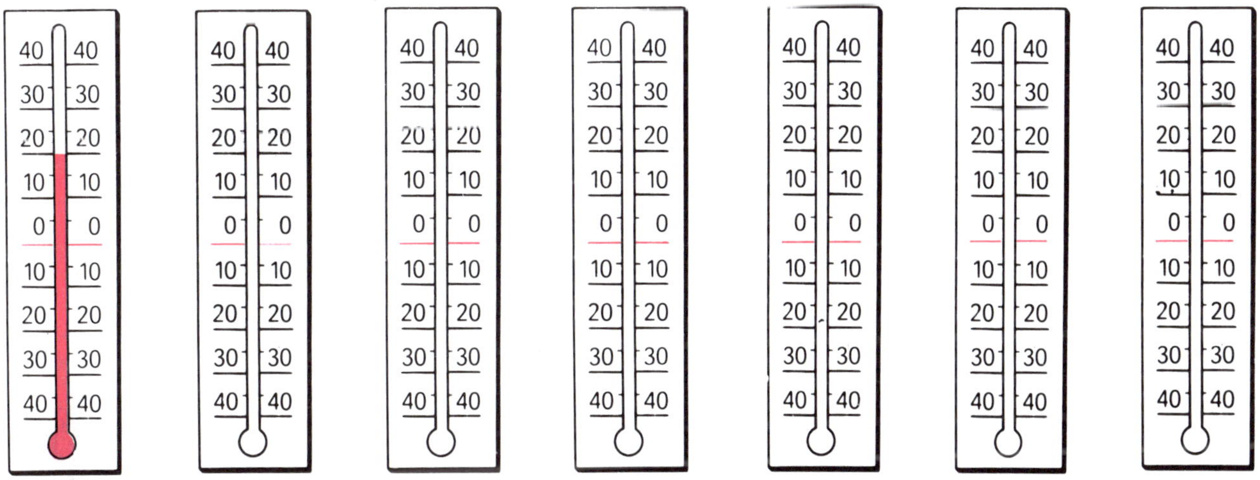

20°C 0°C –5°C 10°C –15°C –5°C 30°C

Das Wetter in den vier Jahreszeiten

1. Überlege, welche Jahreszeiten in den Sätzen beschrieben werden.
Ergänze die Sätze mit den passenden Wörtern.

Verwende: *lang, kurz, hoch, sinken, steigen*

Es ist oft regnerisch, häufig neblig und windig.

Die Temperaturen ______________ ab.

Die Tage werden ______________

____

Die Niederschläge fallen meist als Schnee.

Die Temperaturen ______________ häufig unter 0 Grad Celsius.

Wir haben ______________ Tage

und ______________ Nächte.

____

Die Sonne geht früher auf.

Die Temperaturen ______________ wieder an.

____

Es treten häufig Gewitter auf.

Die Temperaturen sind sehr ______________ .

Wir haben ________________ Tage

und ________________ Nächte.

____

✂ **2.** Wenn du alle Sätze ergänzt hast, schneide auf Seite 45 die Bilder mit den Jahreszeiten aus.
Ordne den Sätzen das richtige Bild zu und schreibe die Jahreszeit daneben.

3. Welche Jahreszeit hast du besonders gern?
Male ein Bild dazu.

Frühblühende Pflanzen

1. Diesen Frühblüher kennst du schon.
Schreibe seinen Namen auf.

Das ______________________

2. Benenne die Hauptteile der Pflanze.
Verwende die Wörter:

Wurzel, Blüte, Laubblatt, Stengel

3. Überlege, welche Blumen im zeitigen Frühjahr blühen.
Unterstreiche ihre Namen.

Blaustern

Nelke

Gelbe Narzisse

Märzbecher

Tulpe

Buschwindröschen

Veilchen

Rose

4. Weißt du es? Warum können Schneeglöckchen, Märzbecher, Blaustern und Gelbe Narzisse schon sehr zeitig im Frühjahr blühen?

Bäume unserer Heimat

Trägt eine Krone,
ist aber weder Zar,
noch Kaiser noch König.

1. Unterscheide die Bäume. Ergänze die Überschriften.

baum baum

2. Beschrifte die Teile der Bäume.
Sage, durch welche Teile sie sich unterscheiden.

Wir beobachten Bäume im Verlaufe eines Jahres

1. Im Verlaufe eines Jahres beobachten wir viele Veränderungen an den Bäumen.
Sieh dir die Bilder an. Schreibe die richtige Jahreszeit dazu.

2. Schreibe auf, was sich an den Bäumen im Herbst verändert.

Veränderungen im Herbst	Laubbaum	Nadelbaum
an den Blättern		
an den Früchten und Zapfen		

3 Besorgt euch im zeitigen Frühjahr den Zweig einer Roßkastanie.
Stellt ihn in euer Klassenzimmer und versorgt ihn täglich mit frischem Wasser.

Was geschieht? Trage deine Beobachtungen in die Tabelle ein.

Die Entwicklung eines Roßkastanienzweiges		
Beobachtungen	Datum	Temperatur
1. Den Zweig ins Zimmer gestellt		

4 Vergleiche den Zweig im Zimmer mit der Roßkastanie in der Natur.
Was erkennst du? Versuche, es zu erklären.

5 Erkunde, welche Laubbäume in deiner Wohnumgebung wachsen.
Beratet, wie ihr mithelfen könnt, sie zu schützen und zu pflegen.

Bäume — Blätter — Früchte

✂ Welche Blätter und Früchte gehören zu den abgebildeten Bäumen?
Schneide dazu die Blätter und Früchte auf Seite 45 einzeln aus.
Ordne sie richtig zu und klebe sie auf.

Bäume

Eiche	Linde	Roßkastanie	Ahorn

Blätter

Früchte

Nadelbäume unserer Heimat

Zur Winterszeit,
zur Sommerszeit
trägt sie immer
dasselbe Kleid.

Sie hat viele kleine Nadeln,
spitz, wie die vom Igel sind,
steht im Wald und in der Stube,
schmückt man sie,
freuts jedes Kind.

1. Kennst du diese Bäume? Schreibe die Namen darunter.
   Welcher Zweig gehört zu welchem Baum? Schreibe die richtige Zahl in das Kästchen.

1.

2.

3.

☐

☐

☐

2. Erkunde, wo in deiner Umgebung diese Nadelbäume wachsen.
   Trage es in die Tabelle ein.

Baumart	Ort
1.	
2.	
3.	

Wir sammeln und gestalten

1. Lege dir eine Blattsammlung an.

   - Sammle unbeschädigte grüne Blätter.
   - Presse sie einzeln zwischen einigen Lagen Zeitungspapier.
   - Befestige dann die trockenen Blätter mit Klebestreifen auf Zeichenpapier.
   - Beschrifte so wie in der Abbildung.

Erst ist es grün, dann gelb,
dann rot, und fliegt es weg,
dann ist es tot.

2. Das kannst du aus kleinen gepreßten Blättern und Blüten basteln.
   Denke dir neue Formen aus.

3. Überlege, aus welchen Früchten du die abgebildeten Figuren basteln kannst.
Sammle und gestalte selbst lustige Figuren.

4. Diese lustigen Figuren entstanden aus den Zapfen der Nadelbäume.
Wenn du genug Zapfen gesammelt hast, kannst du auch solche Figuren basteln.

Tiere in Wald und Feld

1. Welches der Tiere auf den Bildern bewohnt den unten abgebildeten Bau? Schreibe es auf.

Der

Nenne die Teile des Baus. Trage die Namen ein.

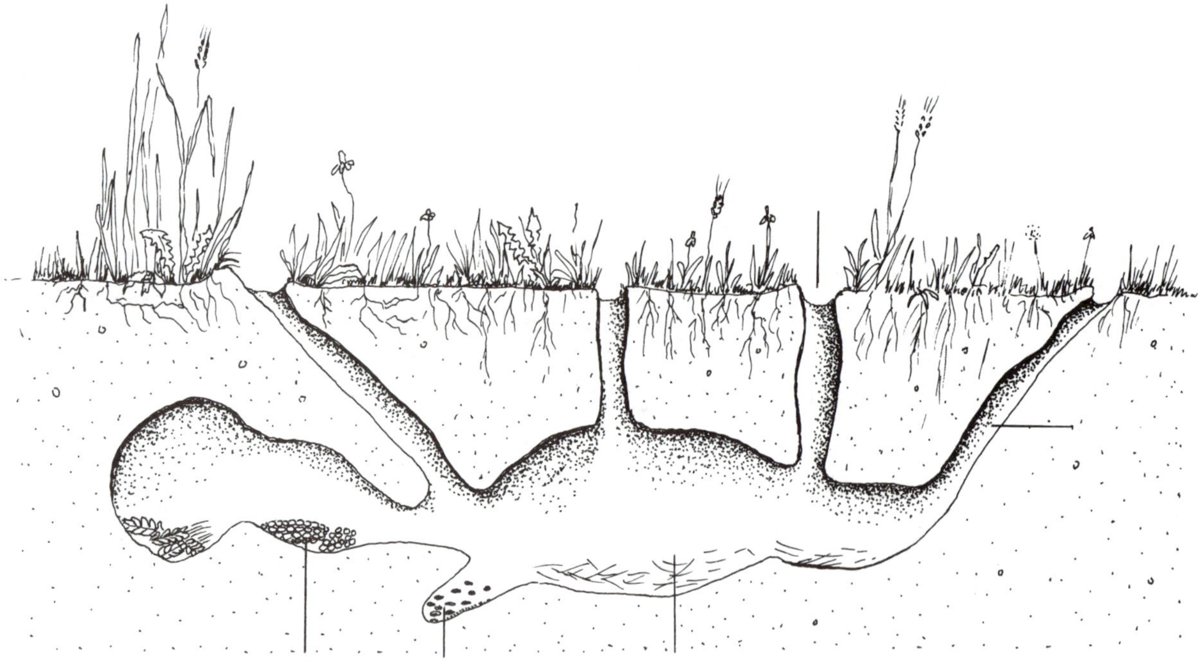

2. Beschreibe mündlich das Aussehen des Feldhamsters.
Male den Hamster in den richtigen Farben aus.
Du kannst auch seine Umgebung gestalten.

3. Seine Nahrung ist vielfältig.
Unterstreiche, was er frißt.

Möhren, Körner, Fische, Mäuse,
Zapfen, Blätter, Vögel

4. Überlege, welches Wort du hier einsetzen mußt.

Der Hamster trägt mehr Getreide in seinen Bau,
als er verbrauchen kann.
Man bezeichnet ihn deshalb auch als

____

Was ist das für ein Diebsgesell?
Er geht auf Nachbars Acker aus,
stopft voll sich beide Taschen schnell
und trägt's ganz wohlgemut nach Haus.

Da packt er's aus, als wär's das Seine,
legt eins zum andern in die Scheune.
Die Scheune liegt in Ackers Grund,
die Taschen hat er in dem Mund.

Der Igel

Diese Seite kannst du allein oder mit jemandem gemeinsam gestalten.

Ich wünsche mir ein Tier

1. Sammle oder male Bilder von Tieren, die du zu Hause halten kannst.
   Klebe sie hier auf.

2. Wenn du ein Haustier hast, erzähle deinen Klassenkameraden davon.

3. Tiere sind Lebewesen. Sie brauchen täglich Pflege. Wenn du dir ein Tier wünschst, erkundige dich vorher, welche Pflichten du jeden Tag erfüllen mußt. Sprich darüber.

Der Haushund

1. Viele Hunde leben als Freund des Menschen. Obwohl sie verschieden aussehen, haben sie gleiche Merkmale.

   Wie heißen die Körperteile des Hundes? Schreibe sie auf.

2. Wie gehen wir mit dem Hund um?

   Entscheide dich und kreuze an.

   - ☐ Ich gebe dem Hund zweimal am Tage ausreichend Futter.
   - ☐ Ich gebe dem Hund in seinem Futternapf das Futter.
   - ☐ Ich lasse den Hund Reste vom Mittagessen von meinem Teller fressen.
   - ☐ Ich berühre den Hund mit meinem Mund.
   - ☐ Ich schlage den Hund.
   - ☐ Ich gebe dem Hund ein trockenes und geschütztes Lager.
   - ☐ Ich pflege den Hund regelmäßig.

3. Wie verhältst du dich, wenn dir ein fremder Hund begegnet?

Wie der Hund dem Menschen hilft

1. Manche Hunde leisten dem Menschen Dienste als Polizeihund, Wachhund, Hütehund, Jagdhund, Blindenführhund oder bei der Rettung von Menschen.

   Wohin gehört der Hund? Verbinde die Hundeleinen richtig.

2. Was können Hunde besonders gut? Schreibe die treffenden Wörter dazu auf.

Wir beobachten die Vögel im Winter

Ich hab ein kleines Vogelhaus
von Tannenholz und Rinde.
Da streue ich das Futter aus.
Ihr Vöglein kommt geschwinde!

In meinem kleinen Vogelhaus
hab' ich so viele Gäste.
Kein Vöglein fliegt mehr hungrig 'raus.
Herbei zum Futterfeste!

G. Schmidt

1. Welche Vögel am Futterhaus kennst du schon? Trage ihre Namen ein.

____

____

____

____

____

2. Weil uns die Vögel im Sommer helfen, wollen wir dies im Winter auch für sie tun. Was kannst du das Jahr über für die Vögel sammeln und trocknen?

3. Denke daran! Brot, Kuchenreste und salzigen Speck darfst du nicht füttern. Kannst du sagen, warum?

4. Sieh dir den Außenumschlag des Arbeitsheftes an. Du findest dort Anleitung für die Winterfütterung der Vögel.

Alle Vögel sind schon da

1. Manche Vögel ziehen im Herbst in wärmere Länder. Im Frühling kehren sie wieder zu uns zurück. Schreibe die Namen der Vögel unter die Bilder.

2. Wie heißen die Vögel, die im Herbst in andere Länder fliegen?
Schreibe das treffende Wort auf.

Sage, warum sie uns im Herbst verlassen.Schreibe dazu auch einen Satz.

3. Wovon ernähren sich diese Vögel?
Beobachte es oder erkundige dich danach. Schreibe die Nahrung in die Tabelle.

Star	Rauchschwalbe	Storch

4. Erzähle, wie wir die Vögel schützen können und warum wir dies tun.
Sieh dir die Bilder dazu an.

Wie kann ich helfen, unsere Umwelt zu schützen?

1. Sieh dir die Bilder an. Überlege, welche Sorgen die Tiere und Pflanzen auf den Bildern haben. Wie kann man ihnen helfen? Sprich darüber.

2. Entscheide dich der Umwelt zuliebe für das Richtige.
Kreuze es an und sprich darüber.

So oder so?

3. Ohne Wasser kannst du nicht leben. Deshalb mußt du immer sorgsam damit umgehen. Nicht alle Menschen tun das. Sieh dir die Bilder an und sage deine Meinung.

4. Woran denkst du bei dem Wort <u>Wasser</u>? Male es auf.

Augen auf im Straßenverkehr!

1. Male die Lösung des Rätsels daneben.

Sie steht an vielen Straßen
und blinzelt allen zu.
Mit ihren bunten Augen,
sorgt sie für Hast und Ruh.

2. Sage, welche Verkehrszeichen du als Fußgänger oder Radfahrer kennen mußt.
Erkläre ihre Bedeutung.

3. Male die Verkehrszeichen mit den richtigen Farben aus.

4. In deinem Heimatort gibt es verschiedene öffentliche Verkehrsmittel.
Schreibe einige auf.

____

____

Sage, wie du dich in diesen Verkehrsmitteln verhalten mußt.

Richtiges Verhalten auf der Straße

1. Sieh dir die Bilder gut an. Einige Kinder verhalten sich falsch.
   Kreuze diese Kinder an und sage, was sie falsch machen.

2. Weißt du es? Kreuze die richtigen Verhaltensweisen an.

   Welchen Schulweg sollten Kinder gehen?

   - ☐ Immer den kürzesten Weg?
   - ☐ Wo sie an gesicherten Stellen auf die andere Straßenseite gelangen?

   Welcher Einkaufsweg ist der sicherste?

   - ☐ Elke kauft erst auf der einen Seite der Straße ein. Dann geht sie am Fußgängerüberweg auf die andere Straßenseite.
   - ☐ Tino läuft dauernd über die Straße, weil er etwas Tolles entdeckt.

Böse Folgen

Auf jedem Bild hat sich ein Buchstabe versteckt.
Suche ihn und schreibe ihn in der richtigen Reihenfolge in die Kästchen.

□ □ □ □ □ □ □ □ □ □

im Straßenverkehr hat oft böse Folgen.

Wir fahren mit der Eisenbahn

1. Tom und Anna wollen mit den Eltern verreisen.
Sie beraten, was man vorher erledigen muß.

☐ Fahrkarten kaufen
☐ Abfahrtszeit feststellen
☐ Platzkarten bestellen

In welcher Reihenfolge würdest du alles erledigen?
Schreibe die Zahlen in die Kästchen.

Viele geben sich die Hände,
oftmals seht ihr kaum das Ende.
Alle tragen schwere Lasten,
Steine, Kohlen, dicke Masten.
Und ein großes Ungetüm
will sie alle weiter ziehn.

_______________ _______________ _______________

2. Was befördert die Eisenbahn? Schreibe es unter die Wagen.

3. Nenne Berufe, die du bei der Eisenbahn kennst.

✂ 4. Findest du dich auf dem Bahnhof zurecht?
Schneide die Zeichen auf Seite 47 aus und ordne sie dem richtigen Wort zu.
Klebe sie dann in die freien Felder.

Wartesaal ☐

Öffentlicher Fernsprecher ☐

☐ Bahnhofsdienst des Deutschen Roten Kreuzes

Gepäckaufbewahrung ☐

Gaststätte ☐

☐ Auskunft, Information

Fahrkartenschalter ☐

☐ ☐ Toilette

Die Aufgaben der Feuerwehr

1. Sieh dir das Bild an. Welche Aufgaben hat die Feuerwehr?
   Ergänze die Sätze mit den Wörtern: *retten, verhüten, löschen*

Die Feuerwehr _______________ *Brände.*

Die Feuerwehr _______________ *Menschen und Tiere aus Gefahren.*

Die Feuerwehr hilft, Brände zu _______________

2. Jeder kann helfen, Brände zu verhüten.
Sage, zu welchen Anlässen das besonders notwendig ist.

3. Wozu dienen diese Geräte?

Was ich mir merke!

Und wenn es brennt, gilt jederzeit,
sag' schnell Erwachsenen Bescheid!

Gib immer genau an: Was brennt?
Wo brennt es?
Wer meldet den Brand?

Erkunde wichtige Rufnummern.
Trage sie ein.

Feuerwehr: ______________________

Polizei: ______________________

Deutsches Rotes Kreuz: ______________________

Trari, trara – die Post ist da!

1. Erkunde, wo sich in deiner Wohnumgebung ein Postamt befindet.
Schreibe es auf.

____

2. Die Post ist eine wichtige öffentliche Einrichtung.
Man erkennt das Postamt an seinem Zeichen.

Ergänze richtig die fehlenden Wörter: *schwarzes Posthorn, gelber Untergrund*

Es ist ein ______________________ auf einem ____________________

Weißt du, warum die Post dieses Zeichen hat? Erzähle.

3. Viele Aufgaben hat die Post.
Ergänze die Sätze. Überlege gut, welche Wörter aus der Randleiste du einsetzen mußt:

Die Post übermittelt ______________	Briefmarken
______________________________	Päckchen
Die Post befördert ______________	Briefe
______________________________	Telegramme
Die Post verkauft ______________	Gespräche
______________________________	Pakete

4. Du möchtest eine Karte oder einen Brief schreiben.
Übe, wie man die Anschrift und den Absender richtig schreibt.

Schreibe so: Name ______________________________

____

Straße ______________________________

Postleitzahl – Ort ______________________________

Fülle die Karte richtig aus. Überlege vorher, an wen du schreiben möchtest.

Absender ______________________________

____

____

____

Postkarte

____

____

____

____

5. Oma schickt an Katrin ein Paket. Erkläre den „Weg“ des Paketes und verbinde mit Pfeilen.

Mein Heimatort

1. Du hast versprochen, eurem Besuch Sehenswertes in deinem Heimatort zu zeigen. Das kann ein Gebäude, ein Platz, ein Brunnen sein, aber auch eine schöne Aussicht oder ein Park. Bereite dich vorher auf diesen Rundgang vor.
Male oder klebe Bilder von dem auf, was du gern zeigen möchtest.

2. Was kann man alles in einem Rathaus erledigen?
Befrage auch deine Eltern dazu.

Wie es früher in meinem Heimatort war

1. Überlege, was du alles über deinen Heimatort erzählen kannst.
Frage deine Eltern, Großeltern oder Lehrer, wie es früher war.

2. Ergänze die Sätze.

Ich wohne in ______________________________

Mein Heimatort ist schon ______________ *Jahre alt.*

Wenn es ein Stadtwappen gibt,
klebe oder male es hier auf.

3. In einem Heimatmuseum kannst du viel über das Leben in alter Zeit erfahren.
Dort sind viele alte Gegenstände ausgestellt.
Male einige auf und erzähle, was du davon weißt.
Besucht gemeinsam ein solches Museum.

4. Kennst du ein Lied oder ein Gedicht über deinen Heimatort?
Trage es vor.

Wir würfeln

1. Denke dir ein Würfelspiel aus.
   Male dazu in die freien Felder Sehenswürdigkeiten deines Heimatortes oder seiner näheren Umgebung. Überlege, was du dort machen kannst.

2. Forme die Figuren aus einer Knetmasse, die du brennen kannst.
   Wer hat die besten Figuren erfunden?

Wir schneiden aus

✂ Seite 15, Aufgabe 2

✂ Seite 20, Aufgabe 1

Wir schneiden aus

✂ Seite 10, Aufgabe 3

Dienstag

Freitag

Sonntag

Mittwoch

Sonnabend

Donnerstag

Montag

✂ Seite 37, Aufgabe 4

✂ Seite 11, Aufgabe 6

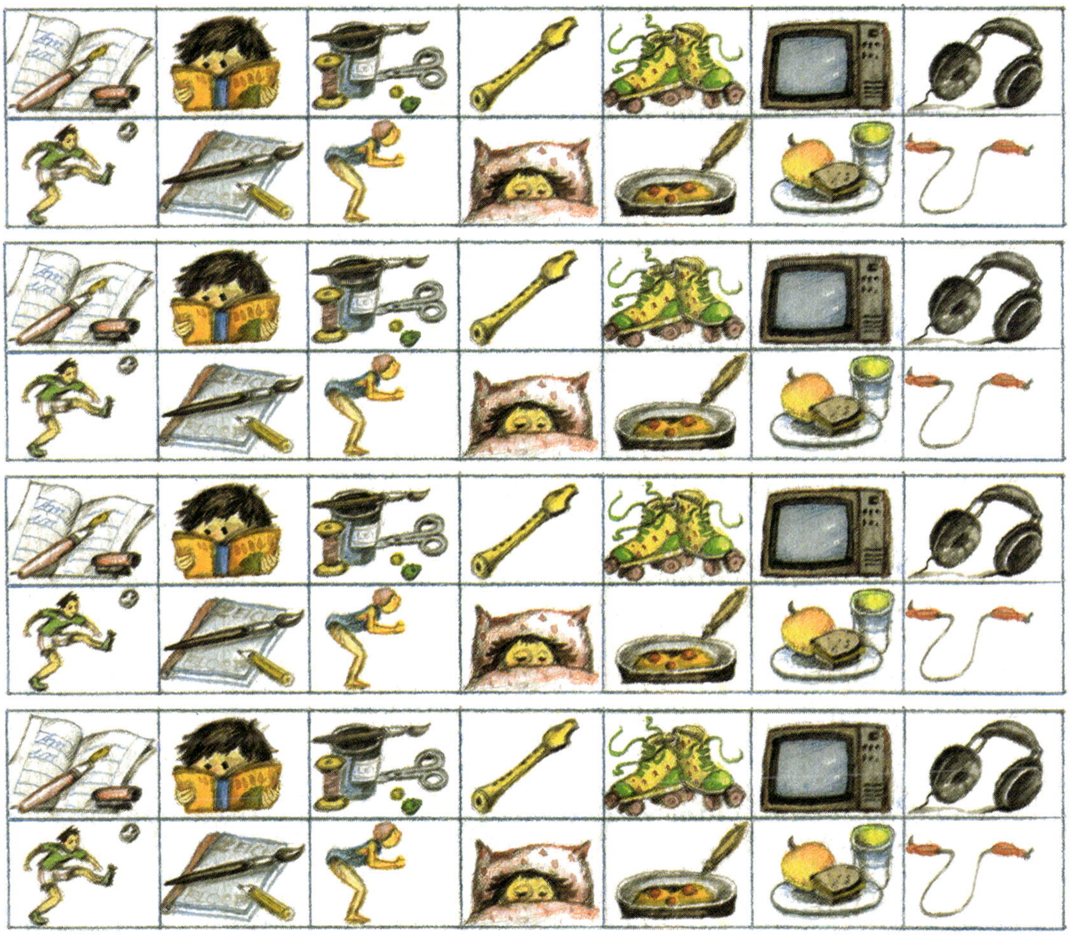